Book Title:

I0401332

"Effortless Frugality: 25 Tips to Save Money and Maximize Efficiency"

Frugal Living and Productivity Tips: Volume 1

By Jenny Koo

Titre du Livre

"Frugalité sans Effort : 25 Astuces pour Économiser de l'Argent et Maximiser l'Efficacité"

Conseils pour une Vie Frugale et Productive : Volume 1

Par Jenny Koo

Table des Matières

4. Astuce # 4
5. Astuce # 5

Chapitre 5 : Shopping Économique et Gestion des Ressources

1. Astuce # 1
2. Astuce # 2
3. Astuce # 3
4. Astuce # 4
5. Astuce # 5

Conclusion

- Récapitulatif des Points Clés
- Encouragement à Adopter des Habitudes Frugales et Productives
- Avant-goût du Volume 2
- Invitation aux Commentaires des Lecteurs

Appendice

- Ressources Supplémentaires
  - Livres, Sites Web et Outils pour Aller Plus Loin
- Fiches et Modèles
  - Modèles de Budget, Plans de Projets DIY, et Suivi de la Frugalité

Introduction

L'Importance de la Vie Frugale

Dans le monde d'aujourd'hui, où le consumérisme éclipse souvent la praticité, la vie frugale est un phare de simplicité et d'efficacité. Adopter un mode de vie frugal ne signifie pas compromettre la qualité ou le confort ; au contraire, cela met l'accent sur des choix intelligents et durables qui enrichissent nos vies et réduisent les déchets. En embrassant la frugalité, vous pouvez économiser de l'argent, du temps et des ressources tout en contribuant à une planète plus saine.

Comment ce Livre Peut Vous Aider à Économiser de l'Argent et des Ressources

Ce livre est conçu pour être un guide pratique pour quiconque cherche à intégrer la vie frugale dans sa routine quotidienne. Que vous soyez un jeune professionnel, un parent occupé, un étudiant ou un retraité, les conseils et stratégies présentés ici sont adaptés à divers modes de vie et besoins. Des astuces pour réutiliser des objets ménagers aux pratiques écologiques et aux hacks pour économiser de l'argent, vous trouverez des conseils concrets que vous pourrez commencer à appliquer immédiatement.

Aperçu de ce que Vous Allez Apprendre

Dans ce premier volume, nous explorerons 25 astuces pratiques pour vivre frugalement. Chaque chapitre est dédié à un aspect spécifique de la frugalité, fournissant des instructions détaillées, des exemples concrets et des conseils pratiques sur la manière de mettre en œuvre ces astuces dans votre vie quotidienne. À la fin de ce livre, vous serez équipé des connaissances et de l'inspiration nécessaires pour faire de la frugalité une partie naturelle et gratifiante de votre routine quotidienne.

Chapitre 1 : Upcycling et Réutilisation

Astuce 1 : Fabriquez des Chiffons de Nettoyage avec de Vieux T-Shirts

Introduction

Pourquoi cette astuce est importante : Passer aux chiffons de nettoyage faits maison permet non seulement d'économiser de l'argent, mais aussi de réduire les déchets. Les vieux t-shirts, qui seraient autrement jetés, peuvent trouver une nouvelle utilité, faisant de cette astuce un choix frugal et écologique.

Informations Approfondies
Comment Fabriquer des Chiffons de Nettoyage Maison :

1. **Matériel Nécessaire :**
   - Vieux t-shirts
   - Ciseaux
   - Règle (optionnelle pour mesurer)
2. **Étapes :**
   - Étalez le t-shirt à plat et lissez les plis.
   - Utilisez des ciseaux pour couper le t-shirt en carrés ou en rectangles de la taille souhaitée. Les tailles courantes sont 30x30 cm ou 15x15 cm, mais vous pouvez ajuster en fonction de vos besoins.
   - Vous pouvez laisser les bords bruts ou les ourler si vous préférez une finition plus nette. L'ourlet aide à prévenir l'effilochage,

mais ce n'est pas nécessaire pour la plupart des tâches de nettoyage.

Exemple de la Vie Réelle

Exemple : Sarah, une mère de famille occupée, a utilisé cette astuce pour créer un ensemble de 20 chiffons de nettoyage à partir des vieux t-shirts de sa famille. Non seulement elle a économisé de l'argent sur les essuie-tout, mais elle a aussi constaté que les chiffons étaient plus durables et plus efficaces pour nettoyer les déversements et dépoussiérer les surfaces.

Mise en Œuvre dans la Vie Quotidienne

Comment Utiliser des Chiffons de Nettoyage Maison :

- **Pour le Dépoussiérage :** Ces chiffons sont excellents pour dépoussiérer les meubles, les stores et les appareils électroniques. Ils peuvent être utilisés secs ou légèrement humidifiés.
- **Pour les Déversements :** Gardez quelques chiffons dans la cuisine pour nettoyer rapidement les déversements et les salissures.
- **Pour les Vitres :** Associez ces chiffons à une solution de vinaigre maison pour nettoyer les vitres sans laisser de traces.

Conseils d'Entretien :

- Lavez régulièrement les chiffons pour les garder hygiéniques. Vous pouvez les laver avec votre linge habituel.
- Désignez des chiffons spécifiques pour différentes tâches (par exemple, un ensemble

pour la cuisine, un autre pour la salle de bain) pour éviter la contamination croisée.

Astuce 2 : Transformez de Vieux Draps en Rideaux

Introduction

Pourquoi cette astuce est importante : Réutiliser de vieux draps pour en faire des rideaux est un excellent moyen d'économiser de l'argent sur la décoration intérieure tout en réduisant les déchets. Ce simple projet DIY peut ajouter une touche personnelle à votre espace de vie et vous aider à mieux contrôler les températures intérieures.

Informations Approfondies
Comment Transformer de Vieux Draps en Rideaux :

1. **Matériel Nécessaire :**
   - Vieux draps
   - Ciseaux
   - Machine à coudre ou colle pour tissu
   - Tringle à rideaux et crochets
2. **Étapes :**
   - Mesurez la fenêtre et coupez les draps à la taille appropriée, en laissant du tissu supplémentaire pour les ourlets et les boucles.
   - Ourlez les bords pour une finition nette. Si vous n'avez pas de machine à coudre, la colle pour tissu est une alternative rapide.
   - Créez des boucles ou une poche en haut pour la tringle à rideaux. Cela peut se faire

en pliant le bord supérieur et en le cousant ou en le collant en place.

- Accrochez les rideaux sur la tringle et ajustez-les au besoin.

Exemple de la Vie Réelle

Exemple : John, un amateur de DIY, a transformé ses vieux draps en rideaux élégants pour son salon. Il a économisé de l'argent sur de nouveaux rideaux et a pu assortir parfaitement les couleurs à sa décoration existante.

Mise en Œuvre dans la Vie Quotidienne
Comment Utiliser des Rideaux en Draps :

- **Pour les Chambres :** Utilisez des draps plus épais pour créer des rideaux occultants et améliorer la qualité du sommeil.
- **Pour les Espaces de Vie :** Des draps plus légers peuvent être utilisés pour créer des espaces lumineux et aérés tout en offrant de l'intimité.
- **Changements Saisonniers :** Changez les rideaux en draps selon les saisons pour un look frais et une meilleure efficacité énergétique.

Conseils d'Entretien :

- Lavez les rideaux régulièrement pour les garder propres et frais.
- Si vous avez utilisé de la colle pour tissu, évitez le lavage en machine et optez pour un lavage à la main doux.

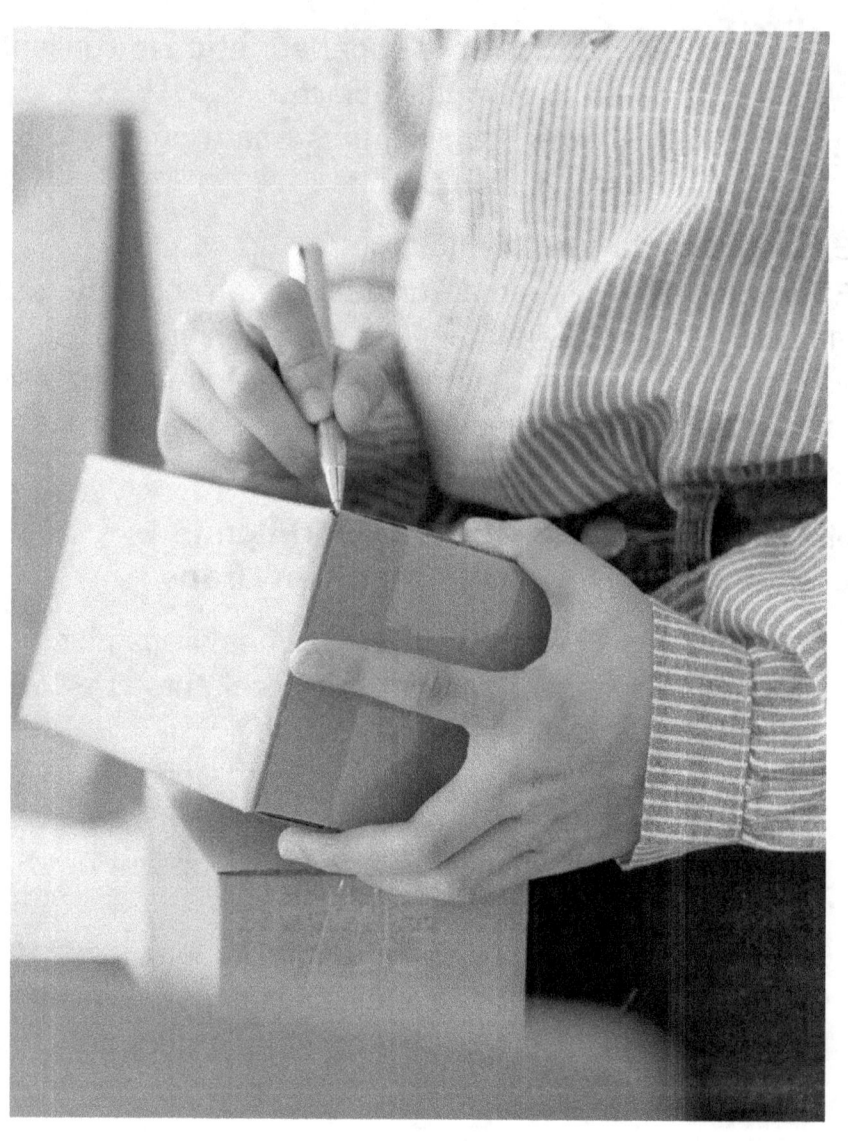

Astuce 3 : Transformez de Vieux Jeans en Shorts

Introduction

Pourquoi cette astuce est importante :

Transformer de vieux jeans en shorts est un moyen pratique d'allonger la durée de vie de vos vêtements. Ce simple projet de recyclage est parfait pour créer des vêtements d'été sur mesure sans dépenser d'argent supplémentaire.

Informations Approfondies

Comment Transformer de Vieux Jeans en Shorts :

1. **Matériel Nécessaire :**
   - Vieux jeans
   - Ciseaux
   - Craie ou marqueur pour tissu
   - Machine à coudre ou aiguille et fil (optionnel)

2. **Étapes :**
   - Enfilez les jeans et marquez la longueur désirée avec la craie ou le marqueur pour tissu.
   - Étalez les jeans à plat et coupez au niveau de la marque. Coupez légèrement plus long que la longueur souhaitée pour permettre des ajustements.
   - Essayez les shorts et faites les ajustements nécessaires à la longueur. Vous pouvez rouler les ourlets pour un look décontracté ou les ourler pour une finition plus propre.

Exemple de la Vie Réelle

Exemple : Emily, une étudiante avec un budget serré, a réutilisé ses vieux jeans pour en faire une paire de shorts d'été stylée. Elle a apprécié le processus et les économies réalisées, lui permettant de consacrer plus d'argent à ses études.

Mise en Œuvre dans la Vie Quotidienne
Comment Styler et Utiliser des Shorts DIY :

- **Tenue Décontractée :** Associez les shorts à des t-shirts ou des débardeurs pour un look détendu au quotidien.
- **Tenue de Plage :** Utilisez les shorts comme une partie de votre tenue de plage, faciles à enfiler par-dessus un maillot de bain.
- **Superposition :** Portez les shorts avec des leggings ou des collants par temps plus frais pour une tenue superposée polyvalente.

Conseils d'Entretien :

- Lavez les shorts comme vous le feriez avec vos jeans habituels.
- Si les ourlets commencent à s'effilocher, coupez les bords ou refaites l'ourlet pour maintenir le look désiré.

Astuce 4 : Créez un Tapis Tressé avec de Vieux Vêtements

Introduction

Pourquoi cette astuce est importante : Créer un tapis tressé à partir de vieux vêtements est un excellent moyen de recycler les tissus et d'ajouter une touche unique et artisanale à votre décoration intérieure. Ce projet aide à réduire les déchets textiles et fournit un tapis durable et stylé pour n'importe quelle pièce.

Informations Approfondies
Comment Créer un Tapis Tressé :

1. **Matériel Nécessaire :**
   - Vieux vêtements (t-shirts, draps, etc.)
   - Ciseaux
   - Aiguille et fil ou colle pour tissu
2. **Étapes :**
   - Coupez les vieux vêtements en longues bandes d'environ 2-5 cm de large.
   - Tressez les bandes ensemble, en ajoutant plus de bandes au fur et à mesure pour créer une longue tresse.
   - Enroulez la tresse en spirale, en cousant ou en collant les tours ensemble au fur et à mesure.
   - Continuez d'ajouter à la tresse et d'enrouler jusqu'à ce que le tapis atteigne la taille désirée.

Exemple de la Vie Réelle
Exemple : Karen, une retraitée à la recherche d'un nouveau passe-temps, a créé un magnifique tapis tressé à partir de ses vieux vêtements. Non seulement elle a apprécié le processus créatif, mais elle a aussi produit un tapis durable qui a ajouté du charme à son salon.

Mise en Œuvre dans la Vie Quotidienne
Comment Utiliser des Tapis Tressés :

- **Entrées :** Placez le tapis dans votre entrée pour attraper la saleté et les débris des chaussures.

- **Espaces de Vie :** Utilisez le tapis pour ajouter de la chaleur et de la texture à votre salon ou chambre.
- **Espaces Extérieurs :** Créez une version résistante aux intempéries en utilisant de vieux tissus synthétiques pour l'utiliser sur les patios ou les balcons.

Conseils d'Entretien :

- Passez l'aspirateur régulièrement pour garder le tapis propre.
- Nettoyez les taches avec de l'eau et du savon doux si nécessaire.
- Si le tapis devient très sale, lavez-le doucement à la main et laissez-le sécher à l'air libre.

Astuce 5 : Utilisez de Vieux Pots pour le Stockage Alimentaire

Introduction

Pourquoi cette astuce est importante : Réutiliser de vieux pots pour le stockage alimentaire est une méthode écologique et économique pour organiser votre cuisine. Les pots en verre sont durables, réutilisables et aident à réduire les déchets plastiques.

Informations Approfondies
Comment Utiliser de Vieux Pots pour le Stockage Alimentaire :

1. **Matériel Nécessaire :**
   - Vieux pots (avec couvercles)
   - Étiquettes (optionnelles)
2. **Étapes :**

- Nettoyez et stérilisez les pots en les lavant à l'eau chaude savonneuse et en les laissant sécher à l'air libre.
- Utilisez les pots pour stocker des aliments secs comme le riz, les pâtes, les haricots et les épices.
- Étiquetez les pots pour une identification facile. Vous pouvez utiliser des étiquettes adhésives ou écrire directement sur les pots avec un marqueur permanent.

Exemple de la Vie Réelle

Exemple : Mark, un professionnel célibataire, a réutilisé ses vieux pots de sauce pour organiser son garde-manger. Il a constaté que l'utilisation des pots non seulement lui permettait d'économiser de l'argent, mais rendait aussi son garde-manger plus attrayant visuellement et plus facile à naviguer.

Mise en Œuvre dans la Vie Quotidienne
Comment Utiliser les Pots :

- **Organisation du Garde-Manger :** Stockez des produits en vrac comme des céréales, des noix et des graines dans des pots pour les garder frais et organisés.
- **Stockage au Réfrigérateur :** Utilisez des pots pour les restes, les sauces maison et les conserves.
- **Préparation des Repas :** Préparez et stockez des portions individuelles de salades, d'avoine pour la nuit et de smoothies dans des pots pour des repas rapides à emporter.

Conseils d'Entretien :

- Lavez les pots soigneusement après chaque utilisation pour éviter la contamination.
- Vérifiez régulièrement les couvercles pour vous assurer qu'ils ferment correctement.
- Remplacez les pots qui développent des fissures ou des éclats pour éviter les risques potentiels.

Chapitre 2 : Pratiques Écologiques

Astuce 1 : Utilisez un Rasoir Réutilisable

Introduction

Pourquoi cette astuce est importante : Passer à un rasoir réutilisable est un moyen simple mais efficace de réduire les déchets plastiques et d'économiser de l'argent à long terme. Les rasoirs jetables contribuent de manière significative aux décharges, tandis que les rasoirs réutilisables sont plus durables et rentables avec le temps.

Informations Approfondies
Comment Utiliser un Rasoir Réutilisable :

1. **Types de Rasoirs Réutilisables :**
   - Rasoirs de sécurité
   - Rasoirs droits
   - Rasoirs électriques
2. **Étapes pour Utiliser un Rasoir de Sécurité :**
   - Choisissez un rasoir de sécurité de qualité avec des lames remplaçables.
   - Humidifiez votre peau et appliquez de la crème à raser ou du savon.
   - Rasez dans le sens de la pousse des poils, en utilisant des mouvements courts et doux.

- Rincez fréquemment le rasoir pendant l'utilisation.
- Après le rasage, rincez bien le rasoir et laissez-le sécher complètement.

Exemple de la Vie Réelle

Exemple : Tom, un professionnel soucieux de l'environnement, est passé au rasoir de sécurité pour réduire son empreinte plastique. Il a constaté qu'il économisait de l'argent sur les rasoirs jetables et qu'il appréciait également un rasage plus précis et plus doux.

Mise en Œuvre dans la Vie Quotidienne
Comment Intégrer les Rasoirs Réutilisables :

- **Routine de Rasage Quotidienne :** Intégrez le rasoir réutilisable dans votre routine de soins régulière.
- **Voyages :** Investissez dans un étui de voyage pour votre rasoir afin de maintenir vos habitudes écologiques en déplacement.
- **Entretien :** Remplacez les lames au besoin et nettoyez régulièrement le rasoir pour garantir sa longévité.

Conseils d'Entretien :

- Séchez complètement le rasoir après chaque utilisation pour éviter la rouille.
- Rangez le rasoir dans un endroit sec.
- Remplacez les lames lorsqu'elles deviennent émoussées pour maintenir un rasage efficace.

Astuce 2 : Utilisez des Produits Menstruels Réutilisables

Introduction

Pourquoi cette astuce est importante : Les produits menstruels réutilisables, tels que les coupes menstruelles, les serviettes en tissu et les culottes menstruelles, offrent une alternative durable et économique aux produits jetables. Ces options réduisent les déchets et sont souvent plus confortables et pratiques.

Informations Approfondies

Types de Produits Menstruels Réutilisables :

1. **Coupes Menstruelles :**
   - Fabriquées en silicone médical ou en caoutchouc.
   - Insérées dans le vagin pour collecter le flux menstruel.

2. **Serviettes en Tissu :**
   - Fabriquées en tissu absorbant.
   - Utilisées comme des serviettes jetables mais lavées et réutilisées.

3. **Culottes Menstruelles :**
   - Comportent des couches absorbantes intégrées.
   - Portées comme des sous-vêtements normaux.

Exemple de la Vie Réelle

Exemple : Lisa, une étudiante, est passée à l'utilisation de la coupe menstruelle et des serviettes en tissu. Elle a apprécié les économies réalisées et a trouvé ces produits plus confortables que les produits jetables. De plus, elle se sentait bien de réduire son impact environnemental.

Mise en Œuvre dans la Vie Quotidienne
Comment Utiliser les Produits Menstruels Réutilisables :

- **Coupes Menstruelles :** Insérez et retirez selon les instructions. Videz, rincez et réinsérez au besoin.
- **Serviettes en Tissu :** Changez aussi souvent que nécessaire, lavez soigneusement et laissez sécher à l'air.
- **Culottes Menstruelles :** Portez les jours de flux léger ou comme protection supplémentaire. Lavez et séchez selon les instructions du fabricant.

Conseils d'Entretien :

- Stérilisez les coupes menstruelles entre les cycles.
- Lavez les serviettes en tissu et les culottes menstruelles avec un détergent doux et sans parfum.
- Rangez dans un endroit propre et sec.

Astuce 3 : Utilisez des Emballages Alimentaires Réutilisables au lieu du Plastique

Introduction
Pourquoi cette astuce est importante : Les emballages alimentaires réutilisables, souvent fabriqués en cire d'abeille, en tissu ou en silicone, sont une alternative durable au film plastique à usage unique. Ils peuvent être utilisés plusieurs fois,

réduisant les déchets plastiques et économisant de l'argent.

Informations Approfondies
Comment Utiliser des Emballages Alimentaires Réutilisables :

1. **Types d'Emballages Alimentaires Réutilisables :**
   - Emballages en cire d'abeille
   - Emballages en silicone
   - Couvercles en tissu
2. **Étapes :**
   - Utilisez la chaleur de vos mains pour mouler l'emballage autour de la nourriture ou des contenants.
   - Lavez à l'eau froide et au savon doux après utilisation.
   - Laissez sécher à l'air avant de les ranger.

Exemple de la Vie Réelle
Exemple : Emma, une gourmande soucieuse de sa santé, a commencé à utiliser des emballages en cire d'abeille pour ses déjeuners et restes. Elle a trouvé qu'ils étaient faciles à utiliser, faciles à nettoyer et parfaits pour garder ses aliments frais.

Mise en Œuvre dans la Vie Quotidienne
Comment Intégrer les Emballages Réutilisables :

- **Pour les Snacks et Déjeuners :** Emballez des sandwiches, des fruits et des snacks.
- **Pour les Restes :** Couvrez des bols et des assiettes.

- **Pour les Produits Frais :** Enveloppez des fruits et légumes coupés pour les garder frais.

Conseils d'Entretien :

- Évitez l'eau chaude et le frottement intense pour maintenir l'intégrité des emballages.
- Remplacez les emballages lorsqu'ils montrent des signes d'usure.
- Rangez les emballages dans un endroit frais et sec.

Astuce 4 : Utilisez une Bouteille d'Eau Réutilisable

Introduction

Pourquoi cette astuce est importante : Utiliser une bouteille d'eau réutilisable est l'un des moyens les plus simples de réduire les déchets plastiques et d'économiser de l'argent. Cela aide à vous hydrater tout au long de la journée sans dépendre des bouteilles en plastique à usage unique.

Informations Approfondies
Comment Choisir une Bouteille d'Eau Réutilisable :

1. **Matériaux :**
   - Acier inoxydable
   - Verre
   - Plastique sans BPA
2. **Caractéristiques :**
   - Isolée pour le contrôle de la température
   - Étanche
   - Facile à nettoyer

Exemple de la Vie Réelle

Exemple : David, un cadre très occupé, est passé à une bouteille d'eau en acier inoxydable. Il a apprécié d'avoir de l'eau froide toute la journée et était heureux de réduire les déchets plastiques des bouteilles jetables.

Mise en Œuvre dans la Vie Quotidienne
Comment Utiliser une Bouteille d'Eau Réutilisable :

- **Au Travail :** Gardez la bouteille à votre bureau pour vous encourager à boire régulièrement.
- **À la Salle de Sport :** Utilisez la bouteille pendant les séances d'entraînement pour rester hydraté.
- **En Voyage :** Emportez la bouteille avec vous pour éviter d'acheter de l'eau en déplacement.

Conseils d'Entretien :

- Lavez la bouteille quotidiennement avec de l'eau tiède et du savon.
- Utilisez une brosse pour bouteille pour nettoyer les zones difficiles à atteindre.
- Vérifiez régulièrement le joint et remplacez-le si nécessaire.

Astuce 5 : Collectez et Utilisez l'Eau de Pluie pour des Usages Non Potables

Introduction

Pourquoi cette astuce est importante : Collecter l'eau de pluie pour des usages non potables, comme arroser les plantes ou nettoyer, est un excellent moyen de conserver l'eau et de réduire les factures d'eau.

C'est une pratique écologique qui utilise une ressource naturelle gratuite.

Informations Approfondies
Comment Collecter l'Eau de Pluie :

1. **Matériel Nécessaire :**
   - Baril de récupération ou grands conteneurs
   - Déviateur de gouttière ou descente de gouttière
   - Filtre à mailles pour filtrer les débris
2. **Étapes :**
   - Installez le baril de récupération sous une descente de gouttière.
   - Utilisez le déviateur de gouttière pour diriger l'eau de pluie dans le baril.
   - Couvrez le baril avec un filtre à mailles pour empêcher les feuilles et les insectes d'entrer.
   - Utilisez l'eau collectée pour le jardinage, laver les voitures ou d'autres usages non potables.

Exemple de la Vie Réelle
Exemple : Jane, une jardinière passionnée, a installé un baril de récupération dans son jardin. Elle a utilisé l'eau de pluie collectée pour arroser ses plantes, réduisant considérablement sa facture d'eau et maintenant son jardin luxuriant et sain.

Mise en Œuvre dans la Vie Quotidienne
Comment Utiliser l'Eau de Pluie Collectée :

- **Pour le Jardinage :** Arrosez les plantes, les pelouses et les parterres de fleurs.

- **Pour le Nettoyage :** Lavez les voitures, les meubles extérieurs et les outils.
- **Pour les Animaux de Compagnie :** Utilisez l'eau pour laver les animaux de compagnie.

Conseils d'Entretien :

- Nettoyez régulièrement le baril de récupération pour éviter la prolifération d'algues.
- Vérifiez le déviateur de gouttière et la descente pour éviter les obstructions.
- Utilisez un filtre à mailles fines pour filtrer les petits débris.

Chapitre 3 : Astuces pour la Maison et le Jardin

Astuce 1 : Utilisez un Séchoir Intérieur en Hiver

Introduction

Pourquoi cette astuce est importante : Utiliser un séchoir intérieur en hiver est un moyen efficace d'économiser sur les coûts énergétiques et de réduire l'usure de vos vêtements. Cela ajoute également de l'humidité à l'air sec intérieur, ce qui peut être bénéfique pendant les mois les plus froids.

Informations Approfondies

Comment Utiliser un Séchoir Intérieur :

1. **Choisir un Séchoir :**
   - Types : Séchoirs pliants, séchoirs à étages, séchoirs muraux.
   - Considérez la taille et la capacité en fonction de vos besoins de lessive.

2. **Étapes :**
   - Placez le séchoir dans un endroit bien ventilé, de préférence près d'une fenêtre ou d'une source de chaleur.
   - Étalez les vêtements uniformément sur le séchoir pour permettre la circulation de l'air.
   - Retournez les vêtements de temps en temps pour accélérer le processus de séchage.

Exemple de la Vie Réelle

Exemple : Alex, qui vit dans un petit appartement, a commencé à utiliser un séchoir en hiver pour éviter d'utiliser le sèche-linge énergivore. Il a remarqué une réduction de sa facture d'électricité et a trouvé que ses vêtements duraient plus longtemps sans la chaleur élevée du sèche-linge.

Mise en Œuvre dans la Vie Quotidienne
Comment Tirer le Meilleur Parti d'un Séchoir Intérieur :

- **Pour l'Usage Quotidien :** Séchez régulièrement de petites charges de linge pour éviter l'accumulation.
- **Pour les Délicats :** Utilisez le séchoir pour sécher les articles délicats qui ne peuvent pas aller dans le sèche-linge.
- **Pour l'Humidité Supplémentaire :** Utilisez le séchoir dans votre chambre ou votre salon pour ajouter de l'humidité à l'air.

Conseils d'Entretien :

- Nettoyez régulièrement le séchoir pour prévenir la moisissure.
- Assurez-vous que le séchoir est complètement sec avant de le plier et de le ranger.
- Évitez de surcharger le séchoir pour maintenir sa forme et sa fonctionnalité.

Astuce 2 : Faites Cuire Plusieurs Plats au Four en Même Temps pour Économiser de l'Énergie

Introduction
Pourquoi cette astuce est importante : Faire cuire

plusieurs plats au four en même temps maximise l'efficacité énergétique en tirant parti de la chaleur générée. Cette astuce permet non seulement d'économiser de l'énergie mais aussi du temps et de l'argent.

Informations Approfondies
Comment Faire Cuire Plusieurs Plats :

1. **Planification :**
   - Choisissez des recettes avec des températures de cuisson similaires.
   - Planifiez les temps de cuisson pour que les plats puissent entrer et sortir en même temps.
2. **Étapes :**
   - Préchauffez le four à la température requise.
   - Placez les plats sur différentes grilles, en laissant de l'espace pour la circulation de l'air.
   - Surveillez de près les temps de cuisson, car un four plein peut parfois modifier les temps de cuisson.

Exemple de la Vie Réelle
Exemple : Maria, une maman qui travaille beaucoup, a commencé à cuire son pain hebdomadaire, ses biscuits et une casserole en même temps. Cela lui a permis d'économiser du temps et de l'énergie, lui permettant de se concentrer sur d'autres tâches pendant que le four était en marche.

Mise en Œuvre dans la Vie Quotidienne
Comment Planifier la Cuisson de Plusieurs Plats :

- **Pour la Préparation des Repas :** Faites cuire une semaine de repas en une seule session.
- **Pour la Pâtisserie :** Préparez plusieurs fournées de biscuits, de pain ou de pâtisseries en même temps.
- **Pour l'Efficacité :** Utilisez toutes les grilles du four à leur plein potentiel.

Conseils d'Entretien :

- Nettoyez le four régulièrement pour assurer une distribution uniforme de la chaleur.
- Faites tourner les plats entre les grilles si nécessaire pour assurer une cuisson uniforme.
- Utilisez des thermomètres sûrs pour le four pour surveiller les températures internes.

Astuce 3 : Installez un Jardin Hydroponique

Introduction

Pourquoi cette astuce est importante : Le jardinage hydroponique permet de cultiver des plantes sans sol, en utilisant de l'eau riche en nutriments. C'est une manière efficace de cultiver des légumes et des herbes à l'intérieur, en économisant de l'espace et des ressources.

Informations Approfondies

Comment Installer un Jardin Hydroponique :

1. **Matériel Nécessaire :**
   - Kit de système hydroponique ou installation DIY
   - Lampes de culture
   - Solution nutritive
   - Graines ou plants

2. **Étapes :**
   - Choisissez un emplacement avec suffisamment de lumière ou installez des lampes de culture.
   - Installez le système hydroponique selon les instructions.
   - Ajoutez la solution nutritive à l'eau.
   - Plantez les graines ou placez les plants dans le milieu de culture.
   - Surveillez et entretenez le système, en vous assurant que les plantes reçoivent suffisamment de lumière et de nutriments.

Exemple de la Vie Réelle
Exemple : Tom, un citadin avec un espace extérieur limité, a installé un petit jardin hydroponique dans son appartement. Il a pu cultiver des herbes fraîches et des légumes à feuilles toute l'année, appréciant la commodité et la fraîcheur des produits cultivés à la maison.

Mise en Œuvre dans la Vie Quotidienne
Comment Entretenir un Jardin Hydroponique :

- **Pour des Produits Frais :** Cultivez une variété d'herbes, de laitues et d'autres légumes à feuilles.
- **Pour l'Efficacité Spatiale :** Utilisez des systèmes hydroponiques verticaux pour maximiser l'espace.
- **Pour une Facilité d'Entretien :** Vérifiez régulièrement les niveaux de nutriments et la qualité de l'eau.

Conseils d'Entretien :

- Nettoyez régulièrement le système pour éviter les algues et l'accumulation.
- Remplacez la solution nutritive comme recommandé.
- Surveillez la santé des plantes et ajustez l'éclairage et les nutriments si nécessaire.

Astuce 4 : Isolez Votre Maison avec des Rideaux Épais

Introduction
Pourquoi cette astuce est importante : Isoler votre maison avec des rideaux épais aide à retenir la chaleur

en hiver et à garder les pièces fraîches en été. Cette simple astuce peut réduire considérablement les factures d'énergie et augmenter le confort.

Informations Approfondies
Comment Isoler avec des Rideaux :

1. **Choisir des Rideaux :**
   - Optez pour des tissus lourds comme le velours, la laine ou des rideaux isolants thermiques.
   - Assurez-vous que les rideaux sont assez larges et longs pour couvrir toute la surface de la fenêtre.
2. **Étapes :**
   - Installez les tringles à rideaux près du plafond et faites-les dépasser du cadre de la fenêtre pour éviter les courants d'air.
   - Fermez les rideaux la nuit en hiver pour retenir la chaleur.
   - Ouvrez les rideaux pendant la journée pour laisser la lumière du soleil réchauffer naturellement la pièce.
   - Inversez ce processus en été pour garder les pièces fraîches.

Exemple de la Vie Réelle
Exemple : Grace, propriétaire d'une maison dans un climat froid, a installé des rideaux isolants thermiques dans son salon et sa chambre. Elle a remarqué une diminution significative de sa facture de chauffage et un environnement intérieur plus confortable.

Mise en Œuvre dans la Vie Quotidienne
Comment Utiliser les Rideaux pour l'Isolation :

- **Pour l'Hiver :** Gardez les rideaux fermés pendant les nuits froides pour retenir la chaleur.
- **Pour l'Été :** Fermez les rideaux pendant la partie la plus chaude de la journée pour bloquer la chaleur.
- **Pour Économiser de l'Énergie :** Associez-les à d'autres méthodes d'isolation pour une efficacité maximale.

Conseils d'Entretien :

- Lavez les rideaux comme recommandé pour les garder propres et fonctionnels.
- Vérifiez l'usure et remplacez-les si nécessaire.
- Utilisez des embrasses pour fixer les rideaux lorsqu'ils ne sont pas utilisés.

Astuce 5 : Créez des Bloqueurs de Courants d'Air pour Portes et Fenêtres

Introduction

Pourquoi cette astuce est importante : Les bloqueurs de courants d'air aident à empêcher l'air froid de pénétrer par les interstices sous les portes et les fenêtres, améliorant ainsi l'isolation de votre maison. Ils sont faciles à fabriquer et peuvent réduire considérablement les coûts de chauffage.

Informations Approfondies

Comment Créer des Bloqueurs de Courants d'Air :

1. **Matériel Nécessaire :**
   - Tissu (vieilles serviettes, draps ou restes de tissu)
   - Ciseaux
   - Machine à coudre ou aiguille et fil
   - Remplissage (riz, sable ou rembourrage en polyester)
2. **Étapes :**
   - Coupez le tissu en un long rectangle, assez large pour couvrir l'interstice.
   - Pliez le tissu en deux dans le sens de la longueur, avec les côtés droits face à face.
   - Cousez le long du bord long et d'un bord court, en laissant une extrémité ouverte.
   - Retournez le tissu à l'endroit et remplissez-le avec le matériau de remplissage choisi.
   - Cousez l'extrémité ouverte.

Exemple de la Vie Réelle

Exemple : James, un passionné de bricolage, a fabriqué des bloqueurs de courants d'air pour toutes les portes de sa maison en utilisant de vieilles serviettes et du riz. Il a remarqué une réduction significative des courants d'air et sa maison était plus chaude sans augmenter le chauffage.

Mise en Œuvre dans la Vie Quotidienne
Comment Utiliser les Bloqueurs de Courants d'Air :

- **Pour les Portes :** Placez les bloqueurs de courants d'air à la base des portes extérieures pour bloquer l'air froid.
- **Pour les Fenêtres :** Utilisez des bloqueurs de courants d'air plus petits le long des appuis de fenêtre.
- **Pour l'Efficacité Énergétique :** Combinez les bloqueurs de courants d'air avec d'autres méthodes d'isolation pour de meilleurs résultats.

Conseils d'Entretien :

- Vérifiez régulièrement les bloqueurs de courants d'air pour détecter l'usure.
- Remplacez le remplissage si nécessaire pour maintenir l'efficacité.
- Lavez les housses en tissu périodiquement pour les garder propres.

Chapitre 4 : Projets DIY et Solutions Maison

Astuce 1 : Faites Votre Propre Vinaigre de Cidre de Pomme

Introduction

Pourquoi cette astuce est importante : Faire votre propre vinaigre de cidre de pomme (VCP) est une manière économique d'utiliser les restes de pommes et de créer un produit polyvalent pour la maison. Le VCP peut être utilisé en cuisine, pour le nettoyage et même comme complément santé.

Informations Approfondies
Comment Faire du Vinaigre de Cidre de Pomme :

1. **Matériel Nécessaire :**
   - Restes de pommes (trognons et épluchures)
   - Sucre
   - Eau
   - Un grand bocal en verre
   - Étamine ou filtre à café
   - Élastique
2. **Étapes :**
   - Remplissez le bocal aux ¾ avec les restes de pommes.
   - Dissolvez 1 cuillère à soupe de sucre dans 1 tasse d'eau et versez sur les restes de pommes jusqu'à ce qu'ils soient complètement submergés.

- Couvrez le bocal avec l'étamine ou le filtre à café et fixez avec un élastique.
- Conservez dans un endroit sombre et chaud pendant 3-4 semaines, en remuant quotidiennement.
- Filtrez les restes de pommes et remettez le liquide dans le bocal.
- Couvrez à nouveau et laissez fermenter pendant encore 3-4 semaines, en remuant de temps en temps.
- Goûtez le vinaigre ; une fois qu'il atteint l'acidité désirée, transférez-le dans une bouteille pour le stockage.

Exemple de la Vie Réelle

Exemple : Anna, une cuisinière à domicile, a commencé à faire son propre VCP à partir des restes de pommes. Elle l'a utilisé dans ses recettes, comme nettoyant naturel et même comme rinçage capillaire, économisant de l'argent et réduisant les déchets.

Mise en Œuvre dans la Vie Quotidienne
Comment Utiliser le Vinaigre de Cidre de Pomme :

- **En Cuisine :** Utilisez le VCP dans les vinaigrettes, les marinades et les sauces.
- **Pour le Nettoyage :** Mélangez avec de l'eau pour un nettoyant tout usage.
- **Pour la Santé :** Diluez avec de l'eau et buvez pour ses bienfaits potentiels pour la santé.

Conseils d'Entretien :

- Conservez le VCP dans un endroit frais et sombre.
- Assurez-vous que le bocal est propre et sec avant de préparer un nouveau lot.
- Utilisez des équipements stérilisés pour éviter la contamination.

Astuce 2 : Transformez les Restes de Légumes en Poudre de Bouillon Maison

Introduction

Pourquoi cette astuce est importante :

Transformer les restes de légumes en poudre de bouillon maison est une excellente façon de réduire les déchets alimentaires et de créer un ingrédient de cuisson savoureux et économique.

Informations Approfondies

Comment Faire de la Poudre de Bouillon de Légumes :

1. **Matériel Nécessaire :**
   - Restes de légumes (épluchures de carottes, pelures d'oignons, feuilles de céleri, etc.)
   - Déshydrateur ou four
   - Mixeur ou robot culinaire
   - Contenant hermétique
2. **Étapes :**
   - Collectez et lavez les restes de légumes.
   - Déshydratez les restes jusqu'à ce qu'ils soient complètement secs, soit en utilisant un déshydrateur soit un four réglé à basse température.
   - Mixez les restes séchés en une poudre fine.

- Conservez la poudre dans un contenant hermétique.

Exemple de la Vie Réelle

Exemple : Rachel, une passionnée de durabilité, a utilisé ses restes de légumes pour faire de la poudre de bouillon. Elle a adoré la saveur riche qu'elle ajoutait aux soupes et ragoûts, et a apprécié la réduction des déchets alimentaires.

Mise en Œuvre dans la Vie Quotidienne
Comment Utiliser la Poudre de Bouillon de Légumes :

- **Pour les Soupes et Ragoûts :** Ajoutez une cuillère à soupe pour rehausser la saveur.
- **Pour Assaisonner :** Utilisez comme assaisonnement pour les légumes et les céréales.
- **Pour le Stockage :** Conservez dans un endroit frais et sec pendant six mois maximum.

Conseils d'Entretien :

- Assurez-vous que les restes sont complètement déshydratés pour éviter la moisissure.
- Étiquetez le contenant avec la date pour suivre la fraîcheur.
- Utilisez des ustensiles propres et secs pour éviter la contamination.

Astuce 3 : Utilisez de Vieux Marcs de Café pour Nettoyer les Casseroles Graisseuses

Introduction

Pourquoi cette astuce est importante : Réutiliser de vieux marcs de café pour nettoyer les casseroles graisseuses est une manière pratique de recycler les déchets et de s'attaquer aux salissures de cuisine tenaces sans produits chimiques agressifs.

Informations Approfondies
Comment Nettoyer avec des Marcs de Café :

1. **Matériel Nécessaire :**
   - Marcs de café usagés
   - Éponge ou chiffon
2. **Étapes :**
   - Après avoir préparé du café, collectez les marcs usagés.
   - Saupoudrez les marcs directement sur les casseroles et poêles graisseuses.
   - Frottez avec une éponge ou un chiffon en mouvements circulaires.
   - Rincez abondamment à l'eau chaude.

Exemple de la Vie Réelle
Exemple : Mike, un grand amateur de café, a commencé à utiliser ses marcs de café pour nettoyer sa vaisselle graisseuse. Il a trouvé cela efficace et a apprécié l'approche écologique.

Mise en Œuvre dans la Vie Quotidienne
Comment Réutiliser les Marcs de Café :

- **Pour le Nettoyage :** Utilisez comme nettoyant abrasif pour les salissures de cuisine tenaces.
- **Pour le Jardinage :** Ajoutez au compost ou utilisez comme engrais pour les plantes.
- **Pour Désodoriser :** Placez dans le réfrigérateur ou le congélateur pour neutraliser les odeurs.

Conseils d'Entretien :

- Conservez les marcs usagés dans un contenant hermétique jusqu'à leur utilisation.
- Évitez de les utiliser sur des surfaces qui peuvent se tacher, comme les comptoirs clairs.
- Éliminez correctement les marcs pour éviter de boucher les drains.

Astuce 4 : Créez des Mangeoires à Oiseaux Maison

Introduction

Pourquoi cette astuce est importante : Créer des mangeoires à oiseaux maison est une façon amusante et économique d'attirer les oiseaux dans votre jardin. C'est une excellente utilisation des matériaux recyclables et fournit de la nourriture essentielle à la faune locale.

Informations Approfondies

Comment Faire des Mangeoires à Oiseaux Maison :

1. **Matériel Nécessaire :**
   - Rouleaux de papier toilette vides ou pommes de pin
   - Beurre de cacahuète ou graisse végétale
   - Graines pour oiseaux
   - Ficelle

2. **Étapes :**
   - Étalez du beurre de cacahuète ou de la graisse végétale sur l'extérieur du rouleau de papier toilette ou de la pomme de pin.
   - Roulez dans les graines pour oiseaux jusqu'à ce qu'ils soient complètement enrobés.
   - Attachez une ficelle à une extrémité pour suspendre.
   - Suspendez la mangeoire sur une branche d'arbre ou un crochet.

Exemple de la Vie Réelle

Exemple : Sam et ses enfants ont apprécié de fabriquer des mangeoires à oiseaux à partir de pommes de pin et de beurre de cacahuète. Ils les ont suspendues dans le jardin et ont été ravis de voir les oiseaux venir se nourrir.

Mise en Œuvre dans la Vie Quotidienne

Comment Utiliser des Mangeoires à Oiseaux Maison :

- **Pour l'Observation des Oiseaux :** Placez les mangeoires dans des zones visibles pour attirer les oiseaux.
- **À des Fins Éducatives :** Enseignez aux enfants les oiseaux et la nature.
- **Pour la Santé du Jardin :** Encouragez la visite des oiseaux pour aider à contrôler les insectes.

Conseils d'Entretien :

- Remplissez régulièrement les mangeoires avec des graines fraîches.
- Nettoyez les mangeoires périodiquement pour prévenir la moisissure et les maladies.
- Placez les mangeoires loin des zones où les chats et autres prédateurs peuvent les atteindre.

Astuce 5 : Utilisez des Herbicides Maison

Introduction

Pourquoi cette astuce est importante : Les herbicides maison offrent un moyen naturel et écologique de gérer les mauvaises herbes sans produits chimiques nocifs. Ils sont économiques et faciles à fabriquer avec des ingrédients courants.

Informations Approfondies
Comment Faire des Herbicides Maison :

1. **Ingrédients Nécessaires :**
   - Vinaigre
   - Sel
   - Savon à vaisselle
2. **Étapes :**
   - Mélangez 4 litres de vinaigre avec 1 tasse de sel et 1 cuillère à soupe de savon à vaisselle.
   - Versez le mélange dans un pulvérisateur.
   - Appliquez directement sur les mauvaises herbes par une journée ensoleillée.

Exemple de la Vie Réelle
Exemple : Ben, un jardinier, est passé à l'utilisation d'herbicides maison pour contrôler les mauvaises herbes dans son jardin. Il a trouvé cela efficace et a apprécié d'éviter les produits chimiques nocifs.

Mise en Œuvre dans la Vie Quotidienne
Comment Utiliser des Herbicides Maison :

- **Pour les Allées et les Entrées :** Pulvérisez sur les mauvaises herbes qui poussent dans les fissures et les crevasses.
- **Pour les Jardins :** Utilisez avec précaution pour éviter de nuire aux plantes désirées.
- **Pour l'Entretien Régulier :** Appliquez régulièrement pour prévenir la croissance des mauvaises herbes.

Conseils d'Entretien :

- Conservez le mélange d'herbicides dans un contenant étiqueté, hors de portée des enfants et des animaux domestiques.
- Réappliquez si nécessaire, surtout après la pluie.
- Utilisez des gants de protection lors de la manipulation et de l'application.

Chapitre 5 : Shopping Économique et Gestion des Ressources

Astuce 1 : Faites des Achats dans les Magasins de Seconde Main

Introduction

Pourquoi cette astuce est importante : Faire des achats dans les magasins de seconde main est une manière économique de trouver des articles de qualité à une fraction du prix. Cela soutient la durabilité en donnant une nouvelle vie aux biens d'occasion et en réduisant les déchets.

Informations Approfondies
Comment Faire des Achats dans les Magasins de Seconde Main :

1. **Conseils pour Trouver de Bonnes Affaires :**
   - Visitez régulièrement, car l'inventaire change fréquemment.
   - Allez tôt pour avoir le meilleur choix.
   - Cherchez des soldes et des journées de réduction.
2. **Étapes :**
   - Faites une liste de ce dont vous avez besoin pour rester concentré.
   - Inspectez soigneusement les articles pour la qualité et l'état.
   - Essayez les vêtements et testez les appareils électroniques avant d'acheter.

Exemple de la Vie Réelle

Exemple : Laura, une passionnée de mode, a découvert les magasins de seconde main comme moyen de trouver des vêtements uniques et abordables. Elle aimait l'excitation de la chasse et la satisfaction d'économiser de l'argent.

Mise en Œuvre dans la Vie Quotidienne

Comment Tirer le Meilleur Parti des Achats de Seconde Main :

- **Pour les Vêtements :** Trouvez des vêtements stylés, légèrement usés, à une fraction du prix de détail.
- **Pour les Articles de Maison :** Découvrez des objets de décoration uniques et des ustensiles de cuisine.
- **Pour les Livres et les Médias :** Faites le plein de livres, de films et de musique à moindre coût.

Conseils d'Entretien :

- Lavez et désinfectez les articles après les avoir achetés.
- Vérifiez les politiques de retour du magasin en cas de problème.
- Donnez les articles non utilisés au magasin de seconde main pour continuer le cycle.

Astuce 2 : Organisez un Échange de Livres de Quartier

Introduction

Pourquoi cette astuce est importante : Organiser un échange de livres de quartier favorise la lecture, permet d'économiser de l'argent sur l'achat de nouveaux livres et renforce le sentiment de communauté. C'est une manière simple de partager et de découvrir de nouvelles littératures.

Informations Approfondies
Comment Organiser un Échange de Livres :

1. **Planification de l'Événement :**
   - Choisissez un lieu (par exemple, centre communautaire, parc ou chez vous).
   - Fixez une date et une heure.
   - Faites la promotion de l'événement par des flyers, les réseaux sociaux et le bouche-à-oreille.
2. **Étapes :**
   - Demandez aux participants d'apporter les livres qu'ils souhaitent échanger.
   - Installez des tables ou des étagères pour exposer les livres.
   - Créez un système pour échanger les livres (par exemple, un échange un pour un).

Exemple de la Vie Réelle
Exemple : Emily a organisé un échange de livres dans son quartier. C'est devenu un événement mensuel où les voisins se rassemblaient pour échanger des livres et discuter de leurs lectures préférées, renforçant ainsi les liens communautaires.

Mise en Œuvre dans la Vie Quotidienne
Comment Encourager la Participation :

- **Pour les Familles :** Faites la promotion comme un événement familial pour encourager la participation.

- **Pour les Clubs de Lecture :** Combinez avec des réunions de clubs de lecture pour un engagement supplémentaire.
- **Pour Renforcer la Communauté :** Utilisez cette opportunité pour rencontrer de nouveaux voisins et se faire des amis.

Conseils d'Entretien :

- Suivez les genres populaires et les livres demandés pour les événements futurs.
- Assurez-vous d'avoir une variété de livres pour attirer différents intérêts.
- Collectez les livres restants et donnez-les à des bibliothèques ou à des œuvres de charité.

Astuce 3 : Déshydratez des Fruits pour des Collations Maison

Introduction

Pourquoi cette astuce est importante :

Déshydrater des fruits à la maison est une manière économique de créer des collations saines et sans conservateurs. C'est une excellente méthode pour préserver les fruits de saison et réduire le gaspillage alimentaire.

Informations Approfondies

Comment Déshydrater des Fruits :

1. **Matériel Nécessaire :**
   - Fruits frais
   - Déshydrateur ou four
   - Jus de citron (optionnel, pour prévenir le brunissement)

2. **Étapes :**
   - Lavez et tranchez les fruits de manière uniforme.
   - Trempez les tranches dans du jus de citron si désiré.
   - Disposez les tranches sur les plateaux du déshydrateur ou sur des plaques de cuisson.
   - Déshydratez à 135°F (57°C) jusqu'à ce qu'elles soient complètement sèches (6-12 heures dans un déshydrateur, plus longtemps dans un four).

Exemple de la Vie Réelle

Exemple : Sarah, une maman soucieuse de la santé, a

commencé à déshydrater des fruits pour les collations de ses enfants. Ils ont adoré ces friandises savoureuses et elle a apprécié de savoir exactement ce que contenaient leurs aliments.

Mise en Œuvre dans la Vie Quotidienne
Comment Utiliser les Fruits Déshydratés :

- **Pour les Collations :** Mettez dans les boîtes à lunch ou emportez en déplacement.
- **Pour la Pâtisserie :** Utilisez dans les recettes de muffins, de pains et de granola.
- **Pour le Stockage :** Conservez dans des contenants hermétiques pour une utilisation à long terme.

Conseils d'Entretien :

- Conservez les fruits déshydratés dans un endroit frais et sombre.
- Vérifiez régulièrement la teneur en humidité pour éviter la moisissure.
- Étiquetez les contenants avec la date pour suivre la fraîcheur.

Astuce 4 : Fabriquez des Cadeaux Faits Main

Introduction
Pourquoi cette astuce est importante : Fabriquer des cadeaux faits main est une manière réfléchie et personnelle de célébrer des occasions spéciales sans dépenser beaucoup d'argent. Cela vous permet de créer des cadeaux uniques et personnalisés que les destinataires chériront.

Informations Approfondies
Comment Fabriquer des Cadeaux Faits Main :

1. **Idées de Cadeaux Faits Main :**
   - Articles tricotés ou crochetés (écharpes, chapeaux, couvertures)
   - Bougies ou savons maison
   - Albums photo ou albums de scrapbooking personnalisés
2. **Étapes :**
   - Choisissez une idée de cadeau en fonction des intérêts du destinataire.
   - Rassemblez les matériaux nécessaires.
   - Suivez des tutoriels ou des guides pour créer le cadeau.
   - Personnalisez avec des touches spéciales (par exemple, des monogrammes, des couleurs préférées).

Exemple de la Vie Réelle

Exemple : Lisa, une artisane amateur, a fabriqué des bougies maison comme cadeaux de Noël. Elle a personnalisé chacune avec des parfums et des couleurs qu'elle savait que ses amis et sa famille adoreraient, rendant les cadeaux encore plus spéciaux.

Mise en Œuvre dans la Vie Quotidienne
Comment Planifier les Cadeaux Faits Main :

- **Pour les Vacances :** Commencez tôt pour vous assurer d'avoir assez de temps pour terminer les projets.
- **Pour les Anniversaires :** Créez une liste des anniversaires à venir et planifiez les cadeaux à l'avance.

- **Pour les Occasions Spéciales :** Personnalisez les cadeaux pour les mariages, les anniversaires et autres célébrations.

Conseils d'Entretien :

- Gardez les fournitures de bricolage organisées et facilement accessibles.
- Suivez les consignes de sécurité lors de l'utilisation d'outils et de matériaux.
- Pratiquez de nouvelles techniques avant de commencer un projet de cadeau.

Astuce 5 : Transformez les Épluchures de Légumes en Chips Maison

Introduction

Pourquoi cette astuce est importante :
Transformer les épluchures de légumes en chips maison est une manière savoureuse de réduire le gaspillage alimentaire. C'est une option de collation simple et saine qui utilise chaque partie de vos légumes.

Informations Approfondies

Comment Faire des Chips de Légumes :

1. **Matériel Nécessaire :**
   - Épluchures de légumes (pommes de terre, carottes, betteraves, etc.)
   - Huile d'olive ou spray de cuisson
   - Sel et assaisonnements
   - Plaque de cuisson
2. **Étapes :**
   - Préchauffez le four à 400°F (200°C).

- Lavez et séchez bien les épluchures de légumes.
- Mélangez les épluchures avec une petite quantité d'huile d'olive ou de spray de cuisson.
- Étalez les épluchures en une seule couche sur une plaque de cuisson.
- Saupoudrez de sel et des assaisonnements désirés.
- Faites cuire pendant 10-15 minutes, en retournant à mi-cuisson, jusqu'à ce qu'elles soient croustillantes.

Exemple de la Vie Réelle

Exemple : Jane, une cuisinière à domicile, a commencé à conserver ses épluchures de légumes et à les transformer en chips. Sa famille a adoré cette collation croustillante et savoureuse, et elle s'est sentie bien de réduire les déchets de cuisine.

Mise en Œuvre dans la Vie Quotidienne
Comment Apprécier les Chips de Légumes :

- **Pour les Collations :** Dégustez comme une alternative saine aux chips du commerce.
- **Pour les Garnitures :** Utilisez comme garniture croustillante pour les soupes et les salades.
- **Pour les Fêtes :** Servez comme un apéritif unique et fait maison.

Conseils d'Entretien :

- Conservez les chips dans un contenant hermétique pour maintenir leur fraîcheur.

- Expérimentez avec différents assaisonnements pour trouver vos saveurs préférées.
- Faites de petites fournées pour garantir que les chips restent croustillantes.

Conclusion

Récapitulatif des Points Clés

À la fin de ce livre, prenons un moment pour réfléchir aux points clés que nous avons couverts. De l'upcycling et la réutilisation des objets ménagers à l'adoption de pratiques écologiques et à la réalisation de solutions maison, nous avons exploré diverses façons de vivre une vie frugale mais épanouissante. Les astuces fournies sont conçues pour vous aider à économiser de l'argent, réduire les déchets et améliorer votre bien-être général.

Encouragement à Adopter des Habitudes Frugales et Productives

Adopter des habitudes de vie frugale et productive peut sembler difficile au début, mais rappelez-vous que chaque petit pas compte. Commencez par une ou deux astuces qui résonnent avec vous et incorporez-les progressivement dans votre routine quotidienne. Le chemin vers un mode de vie plus frugal et durable est continu, et les bénéfices que vous en tirerez augmenteront avec le temps. En faisant des choix réfléchis, vous pouvez atteindre une stabilité financière, une gestion environnementale et un sentiment de satisfaction personnelle.

Avant-goût du Volume 2

Restez à l'écoute pour le Volume 2 de cette série, où nous approfondirons des astuces et des stratégies supplémentaires pour une vie frugale et productive. Nous explorerons des techniques plus avancées, y compris la planification financière, les améliorations de la maison en DIY, et des moyens créatifs de réutiliser les objets du quotidien. Le Volume 2 fournira plus d'inspiration et de conseils pratiques pour vous aider à poursuivre votre voyage vers une vie plus frugale et enrichissante.

Invitation aux Commentaires des Lecteurs

Vos commentaires sont inestimables pour nous. Nous aimerions entendre parler de vos expériences avec les astuces et les stratégies présentées dans ce livre. Les avez-vous trouvées utiles ? Y a-t-il des domaines que vous aimeriez que nous explorions davantage dans les futurs volumes ? Veuillez partager vos pensées et suggestions, car elles nous aideront à améliorer et à adapter notre contenu pour mieux répondre à vos besoins. N'hésitez pas à nous contacter par email ou via notre site web.

Appendice

Ressources Supplémentaires

Livres :

- **"The Complete Tightwad Gazette" par Amy Dacyczyn :** Un guide complet sur la vie frugale avec des conseils pour économiser de l'argent dans tous les domaines de la vie.
- **"Your Money or Your Life" par Vicki Robin et Joe Dominguez :** Une approche transformative pour gérer vos finances et atteindre l'indépendance financière.
- **"The Zero-Waste Home" par Bea Johnson :** Un guide pratique pour réduire les déchets et vivre de manière durable.

Sites Web :

- **Budget Bytes :** budgetbytes.com : Des recettes abordables et délicieuses pour les cuisiniers soucieux de leur budget.
- **The Frugal Girl :** thefrugalgirl.com : Conseils et histoires sur la vie frugale, les projets DIY et les dépenses réfléchies.
- **Mr. Money Mustache :** mrmoneymustache.com : Un blog axé sur l'indépendance financière et la retraite anticipée grâce à la vie frugale et aux investissements intelligents.

Outils :

- **Mint :** mint.com : Un outil de budgétisation gratuit qui vous aide à suivre les dépenses, créer des budgets et gérer vos finances.
- **YNAB (You Need A Budget) :** ynab.com : Un puissant outil de budgétisation qui vous apprend à prendre le contrôle de votre argent et à créer un coussin financier.
- **Evernote :** evernote.com : Un outil d'organisation pour vous aider à gérer les tâches, enregistrer des idées et suivre des informations importantes.

Fiches et Modèles

Modèles de Budget :

- **Planificateur de Budget Mensuel :** Un modèle simple pour vous aider à suivre vos revenus, dépenses et économies chaque mois.
- **Objectifs Financiers Annuels :** Une fiche pour définir et suivre vos objectifs financiers pour l'année, y compris les cibles d'épargne et les plans de remboursement de dettes.

Plans de Projets DIY :

- **Instructions Étape par Étape :** Des plans détaillés pour les projets DIY mentionnés dans ce livre, y compris les chiffons de nettoyage faits maison, les bloqueurs de courants d'air et les tapis tressés.
- **Liste de Matériaux :** Une liste complète des matériaux nécessaires pour divers projets DIY pour vous aider à rester organisé et préparé.

Suivi de la Frugalité :

- **Suivi des Économies :** Un suivi visuel pour surveiller vos progrès en matière d'économies et vous motiver.
- **Journal de Réduction des Déchets :** Une fiche pour enregistrer vos efforts de réduction des déchets et suivre l'impact de vos pratiques écologiques.

"Conseils pour une Vie Frugale et Productive : Volume 1"

Découvrez les Secrets d'une Vie Plus Frugale, Productive et Épanouissante !

Vous cherchez à économiser de l'argent, réduire les déchets et augmenter votre productivité sans sacrifier la qualité ou le confort ? **"Conseils pour une Vie Frugale et Productive : Volume 1"** est votre guide ultime pour atteindre la liberté financière et un mode de vie durable. Rempli de 25 astuces pratiques, ce livre vous aidera à transformer vos habitudes quotidiennes, à faire des choix plus intelligents et à libérer tout le potentiel de la vie frugale.

À l'intérieur, vous apprendrez à :

- Réutiliser des objets ménagers en ressources précieuses
- Adopter des pratiques écologiques pour économiser de l'argent et protéger l'environnement
- Augmenter votre productivité avec des stratégies simples et efficaces
- Réaliser des projets DIY qui améliorent votre maison et votre vie

Exemples Concrets et Instructions Étape par Étape : Chaque astuce est accompagnée d'explications détaillées, d'histoires de réussite réelles et d'étapes faciles à suivre pour vous assurer de pouvoir commencer à mettre en œuvre ces stratégies immédiatement. Que vous soyez un jeune professionnel, un parent occupé, un étudiant ou un retraité, ce livre est conçu pour répondre à vos besoins et vous aider à atteindre vos objectifs.

Rejoignez le Mouvement de la Vie Frugale : Adoptez un mode de vie basé sur la durabilité, la créativité et la liberté financière. Avec **"Conseils pour une Vie Frugale et Productive : Volume 1,"** vous découvrirez que bien vivre avec moins n'est pas seulement possible - c'est incroyablement gratifiant.

Notes: